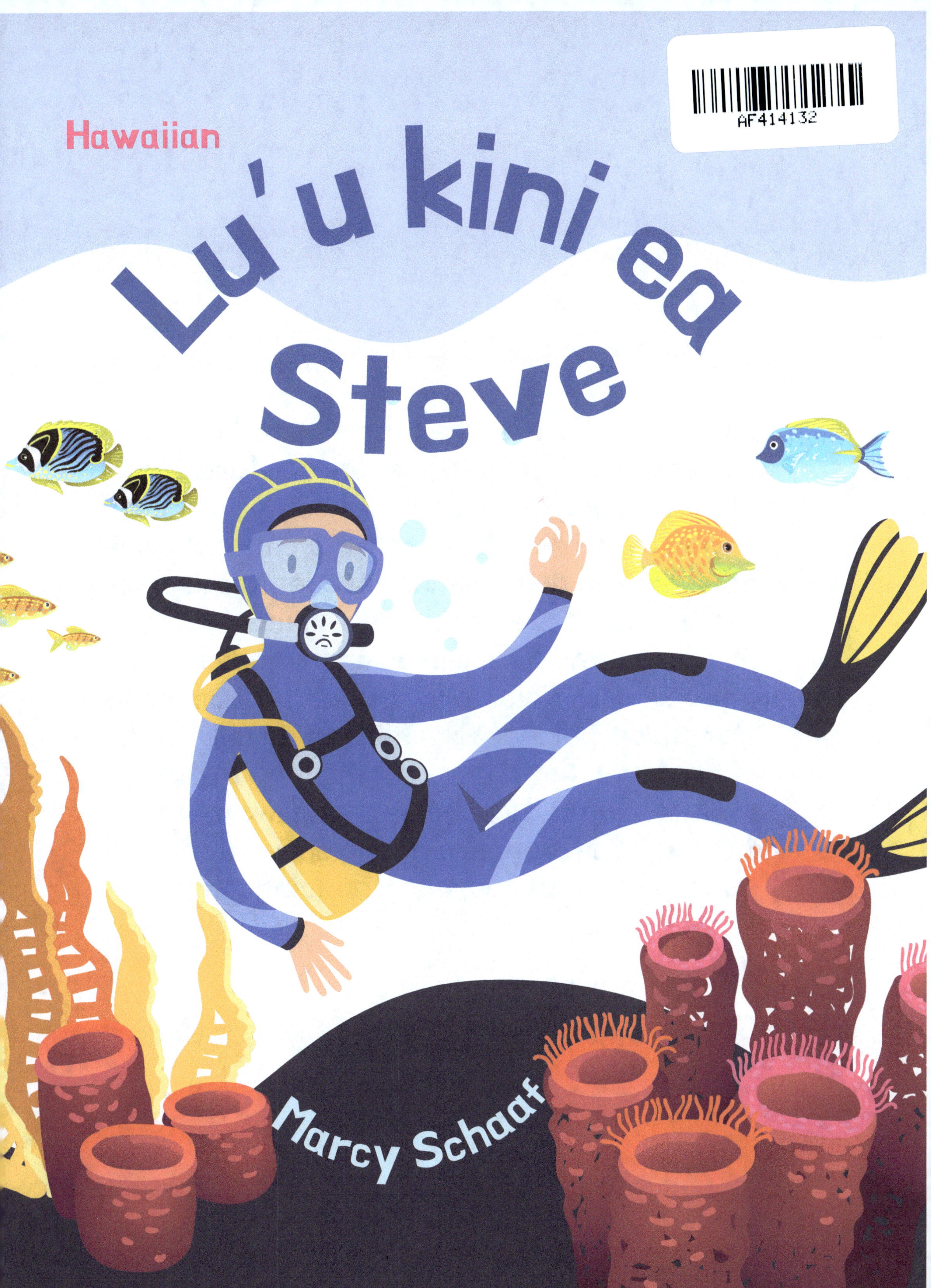
Hawaiian
Lu'u kini ea Steve
Marcy Schaaf

"Join Scuba Steve, the fearless underwater explorer, on a thrilling sea adventure that will take young readers on a journey beneath the waves! Dive into a world of colorful coral reefs, playful dolphins, and hidden treasures as Scuba Steve encounters friendly sea creatures and overcomes challenges in the deep blue sea. This delightful and educational storybook, perfect for children aged 5 to 8, combines fun rhymes and captivating illustrations to inspire young minds to discover the wonders of the ocean and the importance of courage and friendship."

This book belongs to:

No kēia puke:

____

In a world under the
sea, lived Scuba Steve
so free, With a mask on
his face and fins on his
feet, you see.

I loko o kahi honua ma lalo o ke kai, noho 'o Scuba Steve me ka manuahi, Me ka pale ma kona alo a me nā 'ili ma kona mau wāwae, 'ike 'oe.

He swam with dolphins, oh so neat,
Through coral gardens, his heart
would beat.

Ua ʻau ʻo ia me nā iʻa, nani loa, Ma
nā kīhāpai koʻa, e hahau kona
puʻuwai.

Scuba Steve explored, both near and far,
In the ocean's depths, like a shining star.

Ua 'imi 'o Scuba Steve, kokoke
a mamao, I ka hohonu o ka
moana, me he hōkū lā.

With a tank on his back, he'd dive deep
down,
Past shipwrecks and caves, where
treasures could be found.

Me ka pahu ma kona kua, lu'u 'o ia i lalo, Nā moku i hala a me nā ana, kahi e loa'a ai nā waiwai.

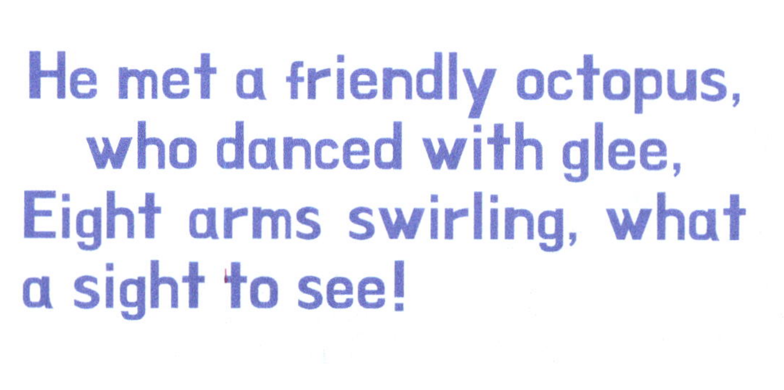

He met a friendly octopus,
who danced with glee,
Eight arms swirling, what
a sight to see!

Ua hālāwai ʻo ia me kahi
heʻe aloha, nāna i hula me
ka hauʻoli.
ʻEwalu mau lima e wiliwili
ana, nani ka ʻike ʻana!

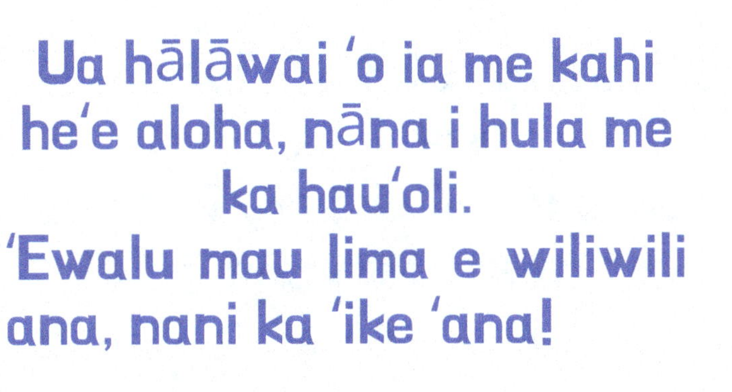

A school of colorful fish joined
the fun,
Under the sea, there was room
for everyone.

He kula iʻa waihoʻoluʻu i komo i ka leʻaleʻa, Ma lalo o ke kai, he wahi no na mea a pau.

Scuba Steve helped a turtle caught in a net,
Freed it with care, the encounter they'd
never forget.

Ua kōkua ʻo Scuba Steve i kahi honu i
hoʻopaʻa ʻia i ka ʻupena, Hoʻokuʻu iā ia me ka
mālama pono, ka hālāwai ʻaʻole lākou e poina.

He spotted a seahorse, small and so sweet, Riding on seaweed, a tiny, wiggly treat.

ʻIke ʻo ia i ka liʻiliʻi liʻiliʻi a ʻono loa, E holo ana ma luna o ka limu liʻiliʻi.

Down in the deep, where the sunlight grows dim, Scuba Steve found a world, full of wonders within.

I lalo i ka hohonu, kahi e
pōwehiwehi ai ka lā, ua loaʻa iā
Scuba Steve kahi honua, piha i
nā mea kupanaha i loko.

But one day, a storm
raged with might, Waves
crashed above, turning
day into night.

Akā, i kekahi lā, ua ikaika ka ʻino, ua hāʻule nā nalu ma luna, ua lilo ke ao i ka pō.

With courage and strength, our hero stayed true,

Guiding lost fish, until the skies turned blue.

Me ka wiwo ʻole a me ka ikaika, ua kūpaʻa ko mākou meʻe,

Ke alakaʻi nei i nā iʻa nalowale, a hiki i ka polū o ka lani.

At last, he emerged from the
ocean's deep blue, Scuba Steve,
the brave diver, with stories
anew.

'O ka hope loa, ua puka mai 'o ia
mai ka uliuli hohonu o ka moana,
'o Scuba Steve, ka lu'u koa, me
nā mo'olelo hou.

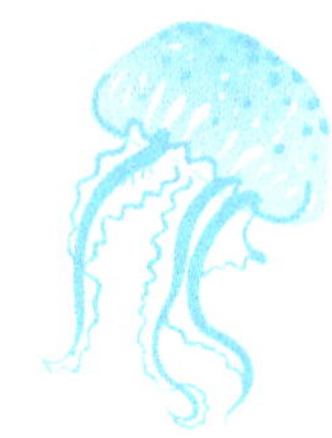

So remember, my friends, as you dream each night, The world under the sea, is a wondrous delight.

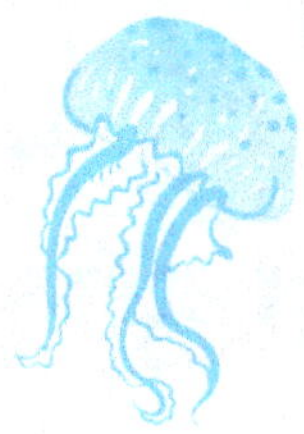

No laila, e hoʻomanaʻo, e oʻu
hoa, i ko ʻoukou moeʻuhane i kēlā
me kēia pō, He ʻoliʻoli kupanaha
ka honua ma lalo o ke kai.

With Scuba Steve's spirit, and heart so bold, You can explore the oceans, as your own story unfolds.

Me ka ʻuhane o Scuba Steve, a
me ka naʻau wiwo ʻole, Hiki iā
ʻoe ke ʻimi i nā moana, e like me
kāu moʻolelo ponoʻī.

In a world under the sea, where wonders abound, Scuba Steve's tales of adventure will always astound.

I loko o kahi honua ma lalo o ke kai,
kahi e nui ai nā mea kupanaha, e
kahaha mau ana nā moʻolelo o
Scuba Steve.

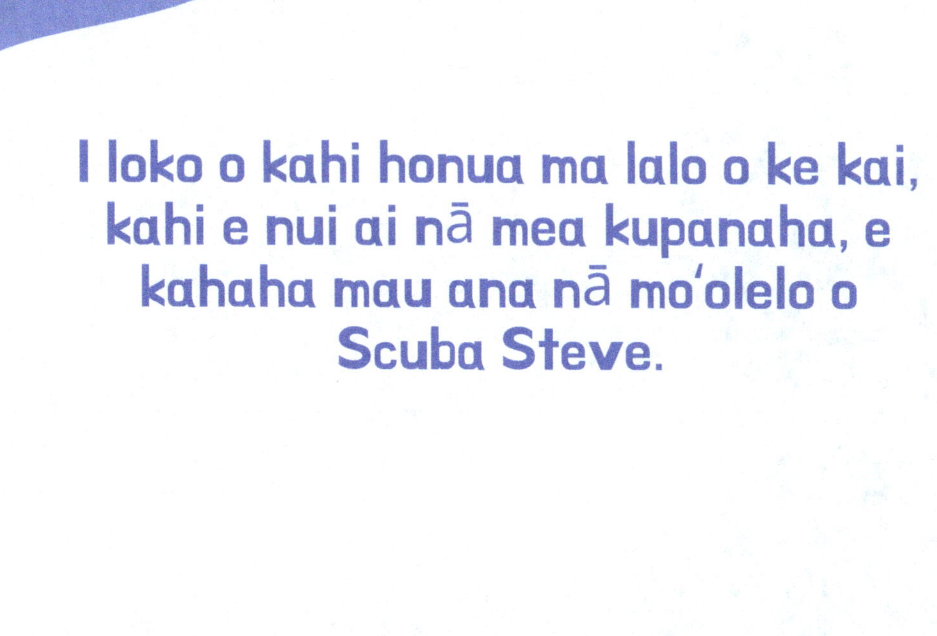

So put on your flippers, your mask, and your gear, Dive into the ocean, and let go of your fear.

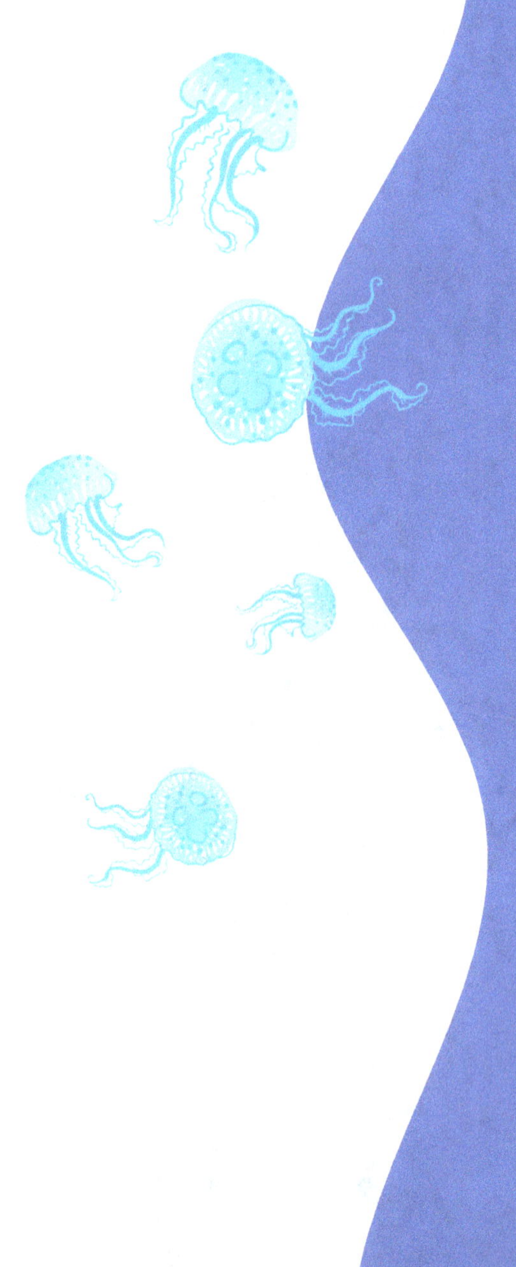

No laila, e hoʻokomo i kou ʻili, kou maka, a me kāu mau mea hana, Luʻu i ka moana, a hoʻokuʻu i kou makaʻu.

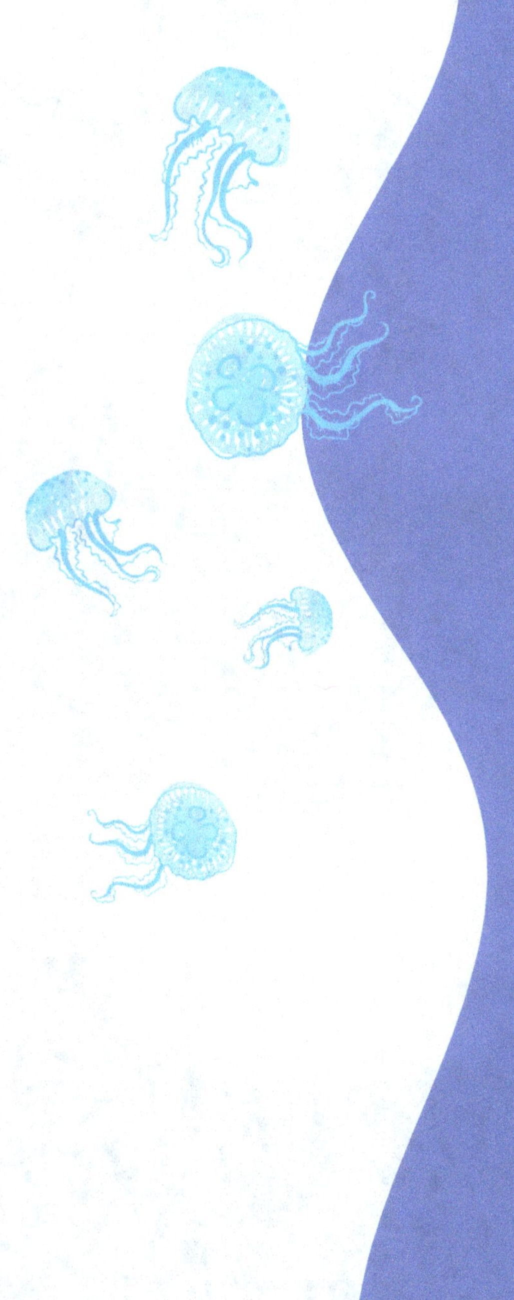

With each splash
and dive, you'll
discover anew,

Me kēlā me kēia
pāpaʻi a luʻu, e
ʻike hou ʻoe,

The magic of the sea
, waiting just for you.

'O ke kupua o ke kai, e kali wale ana iā 'oe.

For in the deep blue, and the ocean so vast, Adventure with Scuba Steve will forever last.

No ka mea i loko o ka uliuli
hohonu, a me ka moana nui loa,
Adventure me Scuba Steve e
mau loa.

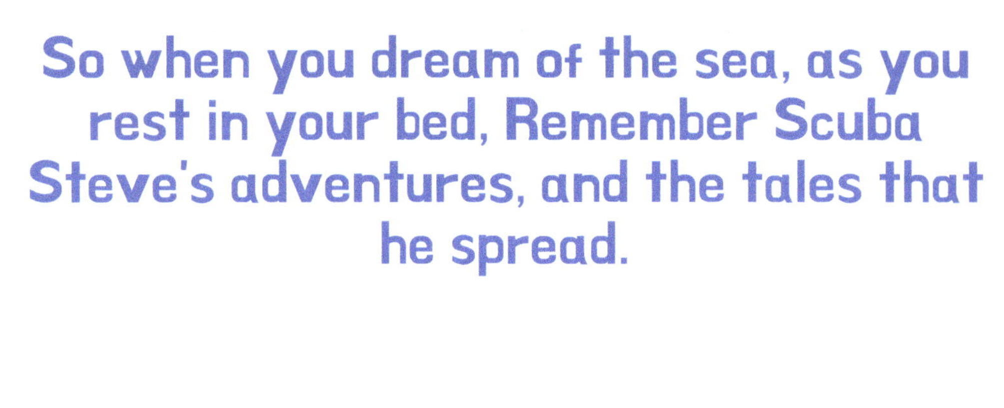

So when you dream of the sea, as you rest in your bed, Remember Scuba Steve's adventures, and the tales that he spread.

No laila, ke moeʻuhane ʻoe i ke kai, i kou hoʻomaha ʻana ma kou wahi moe, e hoʻomanaʻo i nā hana a **Scuba Steve**, a me nā moʻolelo āna i hoʻolaha ai.

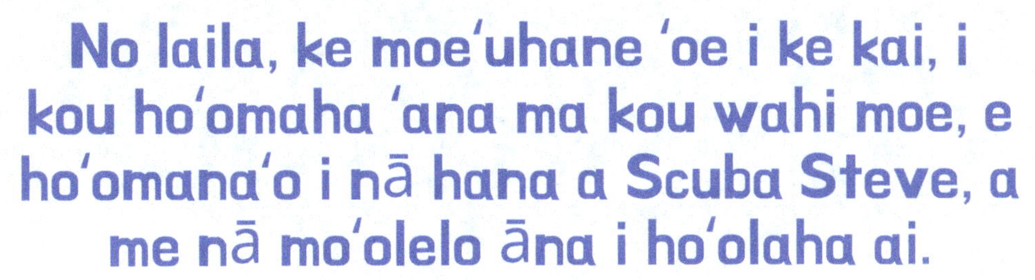

In the world under the waves, where the mysteries reside, Scuba Steve's stories will forever be your guide.

I ka honua ma lalo o nā nalu, kahi e
noho ai nā mea pohihihi, ʻo nā moʻolelo
a Scuba Steve e alakaʻi mau loa iā ʻoe.

With a heart full of wonder, and
dreams set afloat,
You can be a brave explorer, in a
scuba diver's coat.

Me ka puʻuwai piha i ka kahaha, a me nā moeʻuhane i kau ʻia, Hiki iā ʻoe ke lilo i mea mākaʻikaʻi wiwo ʻole, i loko o ka ʻaʻahu scuba diver.

And just like Scuba
Steve, you'll find
treasures untold,

In the deep, blue
ocean, where your
adventures unfold!

A e like me Scuba Steve,
e ʻike ʻoe i nā waiwai i

I loko o ka moana
hohonu, uliuli, kahi
e wehe ai kāu mau
huakaʻi!

The end of our
journey, but not the
end of the fun,
For in Scuba Steve's
world, there's always
more to be done.

ʻO ka hopena o kā mākou huakaʻi, ʻaʻole naʻe ka hopena o ka leʻaleʻa, No ka mea ma ka honua o Scuba Steve, he mau mea hou aʻe e hana ʻia.

Thank you for
the company.

Mahalo iā ʻoe no
ka hui.

Bye!

Aloha!

Author Bio for Marcy Schaaf:

Marcy Schaaf is a talented writer and illustrator who has a deep passion for storytelling and the world of underwater exploration with a lifelong love for the ocean, Marcy combines her creative talents with her knowledge of marine life to bring "Scuba Steve" to life. Her enchanting illustrations and engaging narratives aim to inspire young readers to appreciate the beauty of our oceans and the importance of environmental conservation. Marcy's works invite children on exciting journeys into the depths of the sea, fostering a sense of wonder and curiosity about the natural world. She hopes her stories will encourage a new generation to become stewards of the oceans, just like Scuba Steve.

Mea kākau Bio no Marcy Schaaf:

ʻO Marcy Schaaf he mea kākau moʻolelo akamai a he mea kiʻi kiʻi i makemake nui i ka moʻolelo a me ka honua o ka ʻimi ʻana i lalo o ke kai me ke aloha o ke kai, ua hoʻohui ʻo Marcy i kāna mau talena noʻonoʻo me kona ʻike i ke ola moana e hoʻōla iā "Scuba Steve" i ke ola. ʻO kāna mau kiʻi hoʻohiwahiwa a me kāna mau moʻolelo hoihoi e hoʻoikaika i ka poʻe heluhelu ʻōpio e mahalo i ka nani o ko kākou moana a me ke koʻikoʻi o ka mālama ʻana i ke kaiapuni. ʻO nā hana a Marcy ke kono nei i nā keiki i nā huakaʻi hoihoi i loko o ka hohonu o ke kai, e hoʻoulu ana i ka manaʻo kahaha a me ka hoihoi i ke ao kūlohelohe. Manaʻolana ʻo ia e hoʻoikaika kāna mau moʻolelo i kekahi hanauna hou e lilo i puʻukū o ke kai, e like me Scuba Steve.

Books By Schaaf

www.BookBySchaaf.com

Find us at: